AF448986

Formada em filosofia, desde o início a ética ambiental, humana tem norteado meu trabalho. No mestrado e no doutorado caminhei pela educação e ecologia humana, tendo a fotografia e o cinema como linguagens complementares ao meu trabalho. Além da área acadêmica, tenho utilizado o cinema para realizar vários projetos, inclusive documentários. Que possamos refletir e estabelecer uma nova ética permeada sobretudo pelo respeito, pela amorosidade.

"Mas você não bateu nela, bateu? Não! Então, não é violência!"
"Ele não ia te matar, a arma estava descarregada, só fez isso para te assustar!"
"Perdoa sua boba, só saiu uma vez com outra mulher, coitado, ele é trabalhador!"
Que mulher nunca foi agredida? Parece que nascemos sob a cultura da brutalidade, da bestialidade do machismo.

Dedico esse livro aos que buscam uma
ética mais respeitosa, mais amorosa.
Aos seres amigos que me inspiram e
me auxiliam, grata!

FICHA TÉCNICA

ESCRITORA/ORGANIZADORA
Magda Pereira Pinto

DIAGRAMAÇÃO
Isabelle Domingos

Catalogação na publicação (CIP) - Ficha catalográfica feita pelo autor

Pinto, Magda Pereira, 2020 -

P659a Avessos e Versos: Violência Contra a Mulher / Magda Pereira Pinto. - Poços de Caldas, MG: Grazie Vita - Arte e Educação, 2020.
84 p.

ISBN: 978-65-00-00354-3

1. Violência Contra a Mulher 2. Empoderamento Feminino   3. Crítica ao Machismo 4. Liberdade de Expressão

Avezzos e Versos: Violência Contra a Mulher

Magda Pinto

SUMÁRIO

APRESENTAÇÃO

Esse livro tem o propósito de refletir sobre os atos violentos que tem vitimizado muitas mulheres. Afinal, quais linguagens, estruturas filosóficas, históricas, conceitos, influenciam nossas atitudes? Até que ponto nossa cultura determina ou não a ética em nossas vidas? Quais caminhos, Leis, as mulheres podem buscar para se protegerem? Pretendemos algumas reflexões, caminhos, práticas que possam nos auxiliar, diante de tantas atrocidades. Pretendemos buscar práticas que possam nos auxiliar na busca por uma ética mais amorosa, mais respeitosa, uma ética que possa nos colocar em um patamar de sermos dignos da palavra *sapiens* – sábios, pois o que temos presenciado é uma relação doentia, nada sábia!

Afinal, o que nossa ética, nossos valores provocam em nossa sociedade? Aprendemos a TER e sabemos tão pouco SER. O que nos torna tão violentos? Por que vivenciamos tanto essa agressividade gratuíta, essa dimensão que beira a normalidade, a banalidade? Por que a mulher tem sido vítima de tanta violência, de tantas negações aos seus direitos ao longo da nossa história? É doloroso ver as atrocidades contínuas contra a mulher em nosso país.

Temos sim, que falar sobre isso, temos sim que falar também e sobretudo, sobre os homens que são também violentados em suas emoções; "homem não chora", "não pode demonstrar suas fragilidades", pode sim, deve! Esse livro não tem a pretensão de responder tantas questões profundas, mas busca refletir sobre alguns caminhos que possamos tomar para realizar uma outra relação humana, que seja no mínimo mais respeitosa.

Quanto à estrutura dos textos, informo que tem o propósito sobretudo informativo e educacional e nenhuma violação dos direitos autorais pretendida. Para referenciar as autorias utilizadas, usamos algumas normas da ABNT, e nota de fim de texto numérica, aonde descrevo as referências na íntegra que constam no final do livro.

Pretendemos que esse livro possa auxiliar as mulheres na busca pelos seus direitos, por caminhos que possam ajudá-las a encontrar relações mais saudáveis, sobretudo, com elas mesmas!

Magda Pinto
Educadora, Escritora e Cineasta

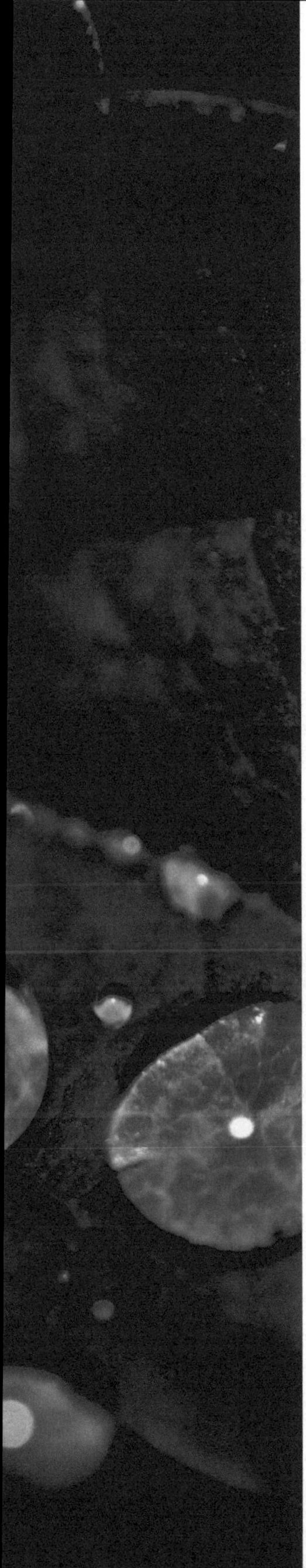

MULHER: VISÕES FILOSÓFICAS E HISTÓRICAS

[1]

POR QUE TANTA VIOLÊNCIA, TANTA MORTE?

O que define nossas atitudes?

A morte está sendo banalizada, uma normose, "*comportamentos normais de uma sociedade que causa sofrimento e morte*", que precisamos repensar!

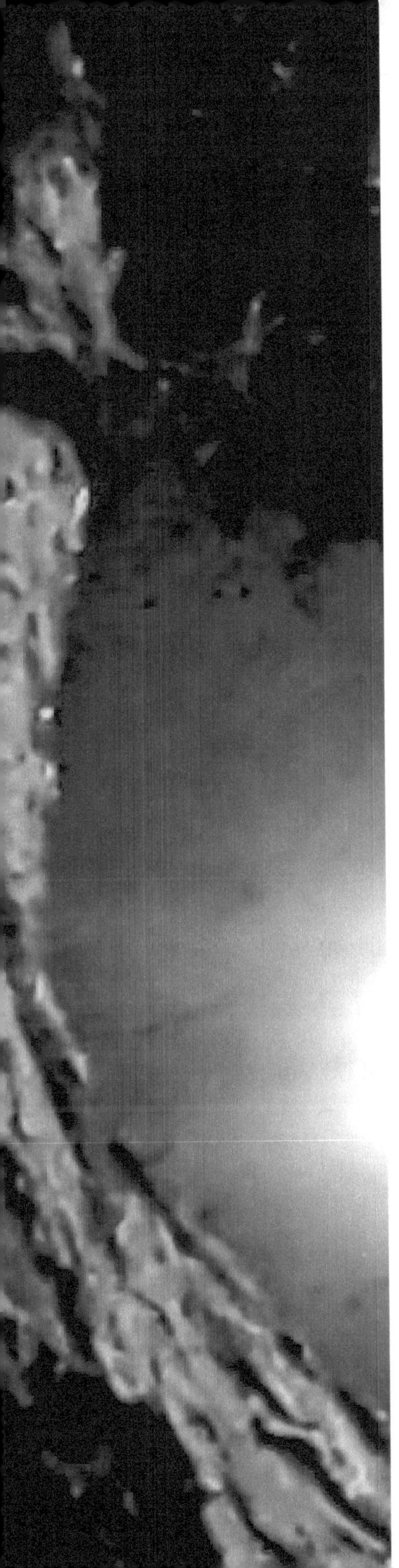

Uma raiz
filosófica discutível

Como alguns filósofos definiam a mulher?
Geralmente uma visão filosófica extremamente machista, não só a mulher, mas a criança, os idosos, eram tratados de forma diminuída, desvalorizada.

**"Um ser que se originou das trevas"
(Pitágoras)**

Será que a mulher só serve para gerar filhos?

A **mulher** como um **homem** **não completo**, cabendo a mulher somente a função de abrigar e fazer brotar o fruto que vinha do homem, ideia esta aceita e propagada na Idade Média.

(Aristóteles)

O filósofo (Hegel) dizia que:

---

homem e mulher são como o animal e a planta, o **animal** se identifica mais com o jeito do **homem**, prático e objetivo e a **planta** se molda mais conforme o aspecto da **mulher**, sendo seu progresso mais pacato, deixando-se levar mais pelo **sentimentalismo**.

O Estado correria perigo pois, segundo ele, as mulheres **não atuam** de acordo com as **exigências** do agrupamento de pessoas que estão governando e sim conforme **suas emoções.**

(Hegel)

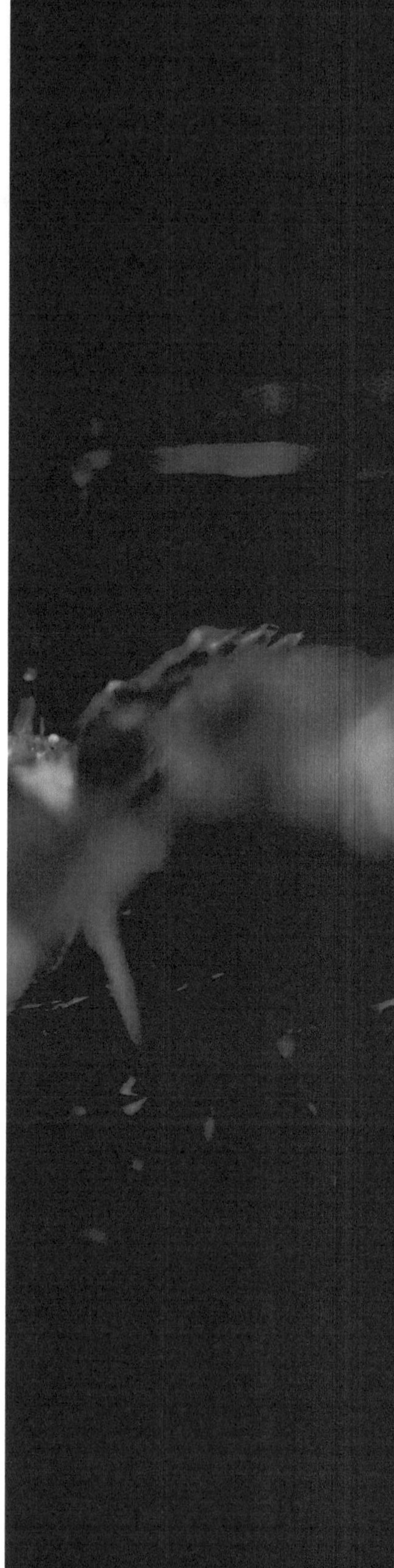

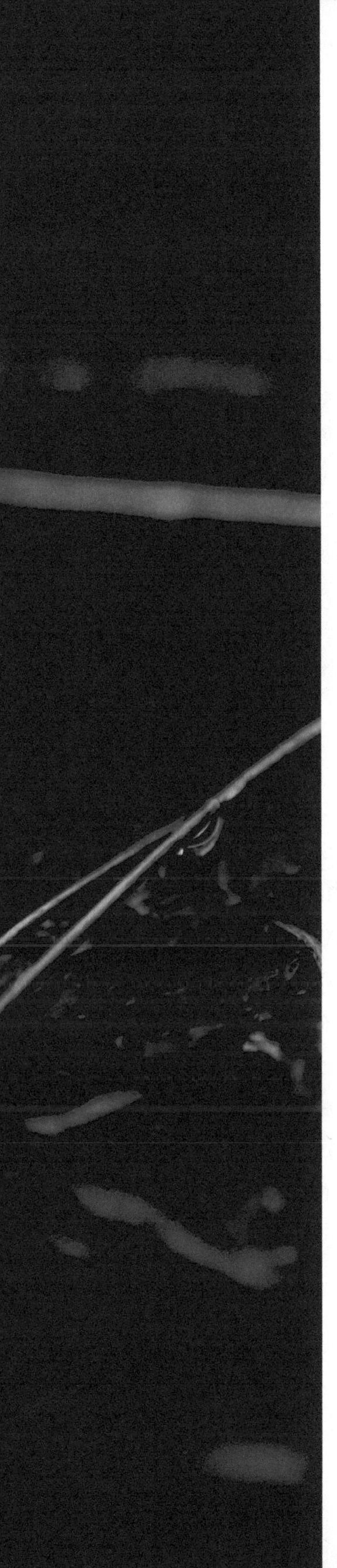

Seriam só os homens capazes de conhecer, saber? Absurdos Filosóficos!

Outro filósofo (Kant), vai **ironizar** a mulher sobre ela ser **instruída**: "ela se serve de seus livros da mesma forma como se serve de seu relógio: ela o usa para que se veja que tem um, pouco se importando que, em geral, ele esteja parado ou que não marque a hora certa".

A INFLUÊNCIA

de uma estrutura filosófica, histórica, nos nossos atos.

O pensamento e a estrutura do nosso comportamento, estão re- pletos de visões negativas que desqualificam as mulheres. Coloca a mulher em um lugar de inferioridade ao homem, abaixo dele e se submetendo aos seus desejos e caprichos, um machismo absoluto. Essa estrutura que vem desde a filosofia, vai ditar muito as regras de nossos comportamentos, infelizmente de forma nada saudável.

Não se deve irritar o homem com ciúmes e dúvidas.

Se desconfiar da infidelidade do marido, a esposa deve redobrar seu carinho e provas de afeto.

A desordem em um banheiro, desperta no marido a vontade de ir tomar banho fora de casa.

REVISTAS FEMININAS

DÉCADAS DE 50 E 60

Como as **mulheres** deveriam **agir**, ideologias machistas.

A mulher deve fazer o marido
descansar nas horas vagas,
nada de incomodá-lo com
serviços domésticos .

É fundamental manter sempre
a aparência impecável diante
do marido.

O lugar de mulher é no lar.
O trabalho fora de casa
masculiniza.

A propaganda
dizia claramente:
"Mostre a ela que
o mundo é dos
homens".

Gravatas Van Heusen, um anúncio explicitamente machista, determinando o lugar da mulher, de submissão e sujeição ao homem.

"É bom ter uma mulher perto de casa".

Impressionante não só a forma desrespeitosa como ridícula do anúncio da calça. A mulher sendo tratada como um objeto, um animal abatido e vencido..

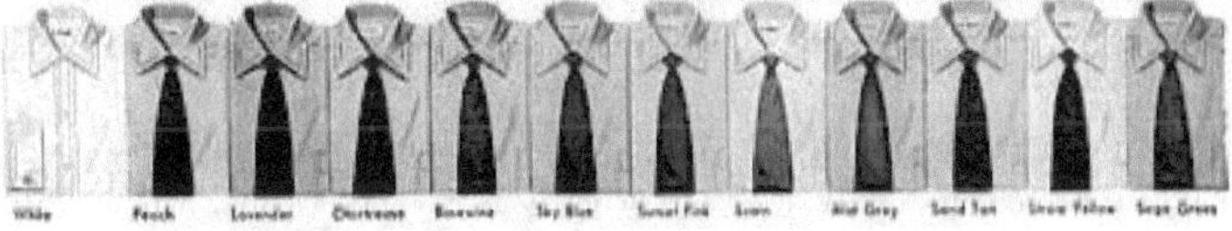

Mais um anúncio ofensivo, aonde o homem se destaca agredindo, colocando a mulher em um lugar nada privilegiado. Utiliza a imagem da mulher para representar o homem e sua vida:

"*É ousado*", "*É audacioso*", "*É o visual mais ousado em camisa*".

Será que nos dias de hoje, de uma forma sutil, a mulher ainda permite esse tipo de relação?

Essa visão de submissão, de subjugação da mulher vai prevalecer ao longo da nossa história.

Mas, no final do séc. XIX temos vários movimentos históricos que questionam esse regime patriarcal, machista, que discrimina e desvaloriza a mulher.

Os primeiros **atos** feministas foram pelo direito ao **voto**.

A partir das últimas décadas do século XIX , as mulheres, primeiro na Inglaterra, organizaram-se para lutar por seus direitos, sendo que o primeiro deles que se popularizou foi o direito ao voto. As sufragetes, como ficaram conhecidas, conquistaram em 1918 o direito ao voto.

As sufragetes brasileiras foram lideradas por Bertha Lutz, bióloga, cientista de importância, que estudou no exterior e voltou para o Brasil na década de 1910, iniciando a luta pelo voto. Este direito foi conquistado em 1932.

Durante a década de 60, o movimento feminista surge com toda a força, e as mulheres pela primeira vez falam diretamente sobre a questão das relações de poder entre homens e mulheres. O feminismo aparece como um movimento libertário, que não quer só espaço para a mulher no trabalho, mas também na vida pública, na educação, no direito sobre seus corpos.

Simone de Beauvoir Continua a ser uma das mentes mais influentes, um dos maiores símbolos do movimento filosófico, político e feminista do século XX. Nascida em uma família rica francesa, estudou no Institut Adeline Désir, uma escola católica somente para meninas. Nestas escolas, as meninas aprendiam que, como mulheres tinham apenas duas alternativas como escolhas possíveis de vida: o casamento ou o convento, sendo que durante toda a sua vida desafiou o destino, se tornando uma grande escritora e filósofa.

"Não se nasce mulher,
torna-se mulher".

É alarmante o número de mortes violentas, crimes torpes (que contém requintes de crueldade, geralmente homicídios com muita violência e/ou agressão) que temos visto.

O Que Podemos Fazer?

Enquanto não temos uma relação ainda focada pelo respeito, temos sim, que recorrer às Leis e movimentos que protegem a mulher, que orientam sobre seus direitos. Há caminhos que proporcionam autonomia (financeira, psicológica e emocional), basta ter coragem e determinação para dizer sim a uma relação mais saudável!
Só depende de você!

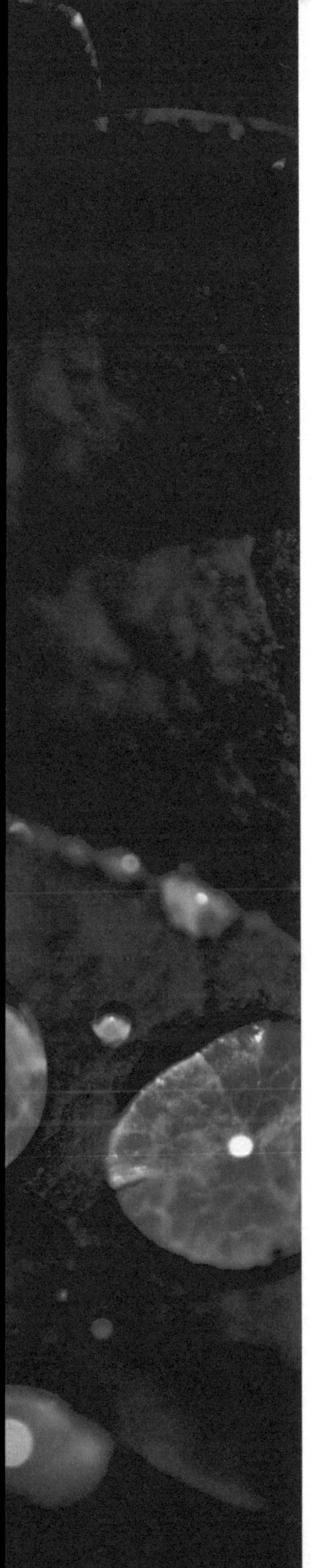

LEIS QUE PROTEGEM AS MULHERES

[2]

O Atlas da Violência (2019), indica que houve um crescimento dos homicídios femininos no Brasil em 2017, com cerca de 13 assassinatos por dia. Ao todo, 4.936 mulheres foram mortas, o maior número registrado desde 2007.

GRÁFICO 4.3 - Taxa de homicídios por 100 mil mulheres nas UFs (2017)

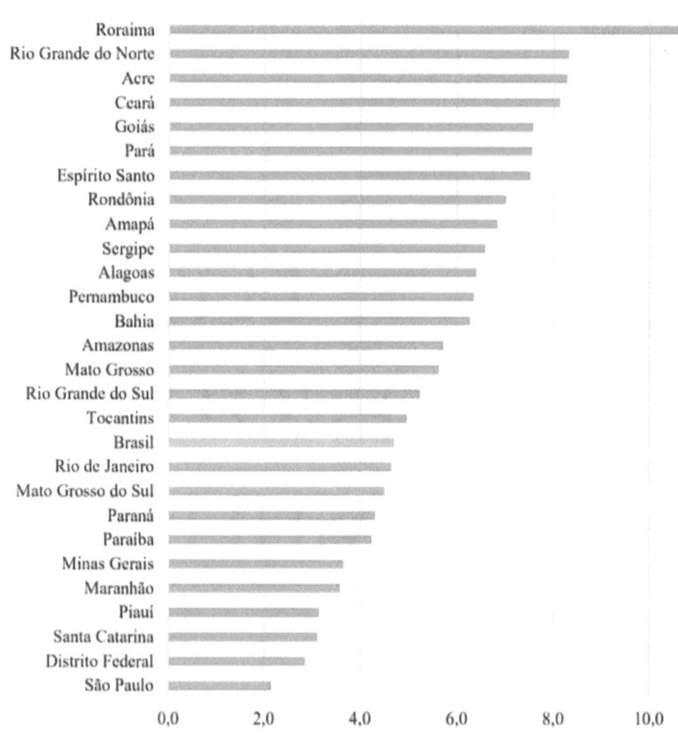

Fonte: IBGE/Diretoria de Pesquisas. Coordenação de População e Indicadores Sociais. Gerência de Estudos e Análises da Dinâmica Demográfica e MS/SVS/CGIAE - Sistema de Informações sobre Mortalidade - SIM. O número de homicídios de mulheres na UF de residência foi obtido pela soma das seguintes CIDs 10: X85-Y09 e Y35-Y36, ou seja: óbitos causados por agressão mais intervenção legal. Elaboração Diest/Ipea e FBSP.

O QUE É AFINAL FEMINICÍDIO?

Termo utilizado para descrever o ato de assassinar mulheres, cometidos em razão do gênero. Ou seja, quando a **vítima** é morta por ser **mulher**.

Lei do Feminicídio 13.104/2015

O feminicídio se configura quando é comprovada as causas do assassinato, devendo este ser exclusivamente por questões de gênero, ou seja, quando uma mulher é morta simplesmente por ser mulher.

Considera-se que há razões de condição de sexo feminino quando o crime envolve:

I – Violência doméstica e familiar;

II – Menosprezo ou discriminação à condição de mulher.

QUANTO VALE UMA VIDA?

O Código Penal prevê reclusão de 12 a 30 anos para o homicídio contra a mulher.
 A pena aumentada de 1/3 se for praticado:
a) durante a gravidez ou nos 3 meses posteriores ao parto;
b) contra pessoa menor de 14 anos, maior de 60 anos ou com deficiência;
c) na presença de ascendente ou descendente da vítima.

TIPOS DE VIOLÊNCIA

Muitos acham que violência é só física, bater, empurrar, mas existem muitas formas de violência.

Física, Psicológica, Sexual, Patrimonial e Moral.

Maria da Penha Maia, lutou 20 anos para ver seu marido agressor ser condenado. Tentou matá-la duas vezes: a primeira deu-lhe um tiro e a deixou paraplégica e a segunda tentou eletrocutá-la.

Violência Física

A Organização Mundial da Saúde, define violência como:
o uso intencional de força física ou poder, ameaçados ou
reais, contra si mesmo, contra outra pessoa ou contra um
grupo ou comunidade, podendo resultar em ferimento. A
violência física pode resultar em morte, dano psicológico,
mau desenvolvimento ou privação.

Não me meto! em briga de marido e mulher, ninguém
mete a colher.

Pra ficar bonita, mulher tem que sofrer.

Não é nada, eu tropecei e caí.

Mulher é o sexo frágil.

Foi só um empurrão, ele estava nervoso!

Violência Psicológica

que causam danos emocionais, controlam a mulher com insultos e ameaças, prejudicam a autoestima, causam constrangimento, ridicularização, humilhação.

Você machucou ela? Não, a arma era só para assustar.

Me denunciou? Está perdida, nem comida, nem casa ela vai ter.

A Lei Maria da Penha é definida a partir da violência de gênero, isto é, violência suportada pela mulher, praticada pelo homem ou mulher, na unidade doméstica ou familiar, ou em razão de qualquer relação íntima de afeto, na qual o agressor conviva ou tenha convivido com a ofendida.

CRIADA PARA PROTEGER A MULHER, EM 2006 FOI INSTITUÍDA A LEI

tipos de atos que obrigue a mulher
a manter ou assistir a relações sexuais sem que ela queira, ou ainda a
force realizar ato sexual sem o uso
de contraceptivos (preservativo) ou
a se prostituir.

Comigo não tem essa de dor de cabeça, ela tem
que fazer o que quero.

Mas ela provocou, olha o tamanho da saia.

Fico machucada, mas meu marido diz que é
assim mesmo. Eu não gosto de sexo!

Bem, o que você estava vestindo aquela noite?

Não use isso na escola, vai distrair os meninos.

Mulher que diz "não", para mim está só se
fazendo de difícil.

Violência Patrimonial

acontece quando a mulher tem seus bens retidos ou destruídos. Por exemplo: pegar dinheiro, destruir seus objetos, documentos, sua casa.

Quer separar? Então vou tirar tudo dela, inclusive os filhos.

Violência Moral

---

quando há ofensa por calúnia, difamação ou injúria. Essa violência também é considerada quando é praticada nas redes sociais, por exemplo.

Com essa roupa curta,só pode ser mulher da vida.

Cuidado, ela vai tirar todo dinheiro do seu pai, veja o estilo de vida dela, não é possível que ela se banque.

Ela só pode ter roubado, para chegar onde chegou.

Uma mulher só é completa quando tem filhos.

Essa é pra casar as outras só diversão.

Mulher bêbada é muito feio.

Menina não joga futebol, não brinca de luta.

Você até que é bem inteligente para uma mulher.

Joga basquete tão bem que parece um homem
jogando.

Não tem problema a mulher trabalhar fora,
desde que não atrapalhe nas tarefas domésticas.

Lei Maria da Penha

Institui as medidas protetivas, que buscam
oferecer um atendimento geral e qualificado
às mulheres, a partir do contexto da violência,
buscando encaminhar a mulher e seus
dependentes a um programa de proteção
ou de atendimento. Determina também o
afastamento do lar, a separação de corpos e a
proteção da mulher.

Aplica-se a Lei Maria da Penha, quando ocorrerem algumas das seguintes formas de violência doméstica e familiar contra a mulher:

Qualquer conduta que resulte danos à sua integridade física ou saúde corporal;

Qualquer ato que cause na mulher dano emocional ou diminuição da autoestima;

Qualquer conduta que vise degradar ou controlar os atos diários da mulher mediante constrangimento, ameaça, manipulação, humilhação, isolamento, etc.;

Qualquer conduta de cunho sexual que obrigue, a presenciar, manter ou a participar de relação sexual não desejada.

QUANTO VALE UMA VIDA?

Penalidade contra o agressor:

Se a lesão for praticada contra ascendente, descendente, irmão, cônjuge ou companheiro, ou com quem conviva ou tenha convivido, ou, ainda, prevalecendo-se o agente das relações domésticas, de coabitação ou de hospitalidade.

Pena: detenção de 3 (três) meses a 3 (três) anos.

Nos casos de violência doméstica contra a mulher, o juiz poderá determinar o comparecimento obrigatório do agressor a programas de recuperação e reeducação.

Um Ciclo Nada Saudável

Relações doentias geralmente começam com atos sutis, leves.

Começam com piadinhas "bobas", é tão mascarado o machismo, a agressão, que parece ser normal ser xingada, ofendida, parece que já se tornou parte da nossa linguagem, da nossa cultura e quando vemos a situação fica sem controle e a violência, a morte acabam chegando.

São nos pequenos atos que vamos colocando o limite saudável nas relações!

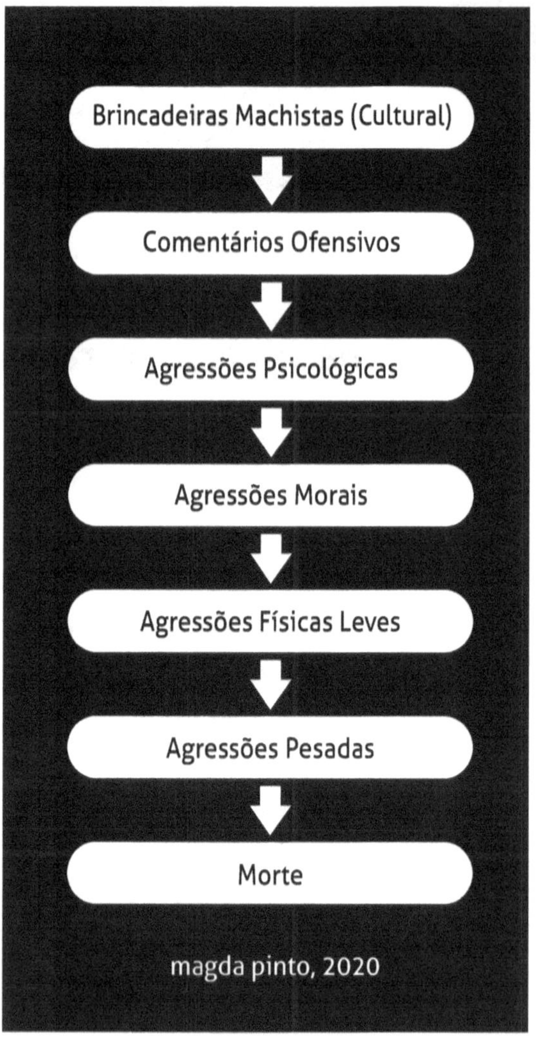

Brincadeiras Machistas

Busca atacar a mulher, diminuindo ou desvalorizando sua vida. Tenta colocá-la em um lugar abaixo do homem. Desvaloriza seu trabalho, piadinhas do cotidiano como se fosse algo normal. "Lugar de mulher é na cozinha".

Comentários Ofensivos

Quando a vítima tem sua vida exposta, com ridicularização, buscando atacar sua auto estima.

Agressões Psicológicas

Situação de conflitos com ameaças, constrangimentos, insultos, xingamentos, perseguições.

Agresssões Morais

Caracteriza pela injúria, difamação, o agressor pode inventar situações que não são verdadeiras, mentir e agredir pessoalmente ou pelas redes sociais.

Agressões Físicas Leves

Após as agressões verbais, ocorrem os ataques físicos através de empurrões, socos, pontapés e até lançamentos de objetos.

Agressões Físicas Pesadas

O agressor se sente à vontade para espancar, bater, ferir com objetos, facadas, pauladas, etc.

Morte

Estágio final de um histórico de agressões, abusos e violências.

Pedidos de Desculpas, Arrependimentos

Após as agressões, abusos e violências geralmente o agressor recua e diz que se arrependeu, promete mudar ou finge que não houve nada, fica mais afetivo, oferece presentes, tenta convencer a mulher que não vai acontece novamente. Geralmente envolve a família em seus falsos remorsos, manipulando todos ao seu redor.

agredidas, mortas!

Que possamos ficar **atentas** à nossa conduta, aos ciclos que achamos "normais", mas que resultam em uma relação **nada saudável!**

Vai dar trabalho para o pai dela quando for mais velha.

Você bebe uísque?

Você ganha mais que ele? Ele não se incomoda?

O que será que ela fez para ter um cargo tão importante?

Ele é muito mais novo que ela, deve ter algum interesse financeiro.

Elas conseguem tudo com uma greve de sexo, até um chifre!

Afinal, quais sentimentos, emoções,

condutas, impedem que as mulheres
saiam de uma **relação** abusiva,
violenta?

Não quero deixar minha mãe triste, um dia ele vai mudar e parar de me ameaçar, agredir.

Não vou conseguir me relacionar com mais ninguém, já tive três filhos, melhor continuar casada.

Mas se eu denunciar meu chefe por assédio, ninguém vai acreditar e eu preciso do meu emprego.

Ele jurou que vai mudar, vou aquentar mais um pouco.

Impotência, baixa autoestima, inseguraça, falsa esperança, acomodação, medo de ficar sozinha, culpa, ameaça.

Somos sim capazes de **superar** e seguir em frente, a mulher possui uma **força** inexplicável!

Somos Todas, Uma: Mulher!

PALAVRAS: SIGNIFICADOS DE VIDA [3]

AGRESSOR

Deriva do latim *agressore*, que designa a pessoa que se comporta prevalentemente com agressividade, aquele que ataca, que agride.Provocador.

O agressor se diferencia das demais pessoas porque nele se identifica uma marcante tendência, presente em determinadas formas de conduta, para a produção de dano, a destruição ou eliminação de pessoas, animais ou coisas. O agressor humano usa o comportamento agressivo para violar a outra pessoa, submetê-la a seus desejos, mesmo os mais desprezíveis, e agride sem outra motivação que não seja a satisfação de seus instintos. Dessa forma, frequentemente verifica-se o agressor utilizando a violência para atingir os outros.

ASSÉDIO

De origem latina *absedius* ou *absidium*; pelo italiano assedio. Operação militar em frente ou ao redor de um local determinado; cerco, sítio e também definido como, insistência inconveniente, persistente e duradoura em relação a alguém, perseguindo, abordando ou cercando essa pessoa. Várias são as formas de assédio, entre outras, aquele que assedia o outro, buscando submetê-lo, sem trégua a pequenos ataques repetidos com insistência, com atos que deixam na vítima o sentimento de ter sido maltratada, desprezada, humilhada, rejeitada.

ASSÉDIO MORAL NO TRABALHO

Exposição do trabalhador a situações humilhantes, geralmente repetitivas e prolongadas, durante a jornada de trabalho, por parte de seu superior hierárquico, que o ridiculariza e hostiliza, provocando constrangimento, insegurança, estresse etc.

ASSÉDIO SEXUAL

Insistência inoportuna com intenções sexuais; constrangir alguém com o intuito de obter favorecimento sexual, prevalecendo o agente de sua condição de superior hierárquico. O assédio sexual configura-se através de insinuações, contatos físicos forçados, que devem caracterizar-se como condições para dar ou manter o emprego, influir nas promoções ou na carreira do assediado, prejudicar o rendimento profissional, humilhar, insultar ou intimidar a vítima.

DESIGUALDADE DE GÊNERO

Desigualdade: caráter ou condição do que não é igual: desigualdade de condições.

Gênero: agrega em si todas as particularidades e características que um grupo, classe, seres, coisas têm em comum. O termo gênero não se referem especificamente a homens e mulheres, mas às relações entre os sexos. As teorias do patriarcado analisam o sistema de gênero e apontam sua primazia em toda a organização social. Procuram explicar a dominação da mulher pelo homem em função da reprodução e da própria sexualidade e demonstram como a desigualdade de gênero estrutura as outras desigualdades sociais que afetam aqueles campos que parecem ter ligação com o gênero.

Essas reflexões se assentam nas diferenças corporais entre homens e mulheres.

EMPODERAMENTO

Ação coletiva desenvolvida por parte de indivíduos que participam de grupos privilegiados de decisões. Envolve consciência social dos direitos individuais para que haja a consciência coletiva necessária e ocorra a superação da dependência social e da dominação política. O termo se refere a uma prática que emergiu do movimento feminista, que consiste em tomar consciência de si mesma, de suas possibilidades, em um processo de afirmação que emerge da interação com outras mulheres. O empoderamento surge de consciência que deriva da troca de experiências e se contrapõe às limitações impostas por uma sociedade patriarcal. Empoderamento quer dizer tomar o poder sobre sua própria vida, valorizando suas potencialidades e capacidades, em busca de uma vida melhor. Empoderamento também quer dizer ganhar autonomia, o que pode ser facilitado pelo acesso a recursos, por meio de uma atividade que gere rendimentos financeiros e melhore a capacitação, pela via do acesso à educação.

FEMINICÍDIO

Do latim *femina.ae*, fêmea + cídio. Assassinato proposital de mulheres somente por serem mulheres. Crime de ódio contra indivíduos do sexo feminino, definido também por agressões verbais, físicas, sexual, psicológicas e morais. Há uma diversidade de situações em que os femicídios podem ocorrer, incluindo mortes perpetradas por parceiro íntimo, mortes em que há violência sexual perpetradas por homens conhecidos ou não, femicídio acidental ou relacionado à defesa de alguma outra pessoa, femicídios em locais de disputa de território por tráfico ou conflitos militares/paramilitares, femicídios de jovens e mulheres aliciadas em redes de exploração sexual, o que evidencia a pluralidade de situações que precisa ser analisada na ocorrência desse tipo de crime.

MACHISMO

Opinião ou atitudes que discriminam ou recusam a ideia de igualdade dos direitos entre homens e mulheres. Característica, comportamento ou particularidade de macho; macheza. Demonstração exagerada de valentia. Atitudes permeadas geralmente pela exploração, dominação e sujeição das mulheres em relação aos homens, objetivando sobretudo a manutenção de uma ordem social sexista (Atitude, discurso ou comportamento, que se baseia no preconceito e na discriminação sexual, a exaltação exagerada do masculino ou do feminino é uma forma de sexismo).

Como sistema ideológico, o machismo oferece modelos de identidade para o masculino e o feminino, e, com base em um discurso sobre as diferenças biológicas e individuais, justifica a inferioridade das mulheres e a dominação masculina, legitimando, portanto, lugares sociais de maior privilégio e reconhecimento dos homens.

MISOGINIA

Do grego *misogynia*, pelo francês *misogynie*. Sentimento de repulsa e/ou aversão às mulheres. Repulsão excessiva do contato sexual com mulheres. A misoginia, entretanto, é um fenômeno sociológico - por transcender o indivíduo e envolver a distribuição de poderes na sociedade.

NATURALIZAÇÃO DA VIOLÊNCIA

Podemos verificar que várias culturas agridem, violentam as mulheres de forma bruta, tal como apedrejamento, cárcere privado, o que em nossa cultura não é aceitável. No entanto, se analisarmos os crimes atuais cometidos em nosso país, aonde o agressor geralmente paga fiança e é libertado, também é de certa forma inaceitável por outras sociedades. Que limite é esse entre o cultural (aquele que é definido por cada cultura) e a ética que determina a segurança e vida das pessoas?

No dicionário feminino da infâmia (2015), encontramos entre outras descrições; "Tais violências são tidas como naturalizadas porque são legitimadas, justificadas e difundidas por complexos sistemas simbólicos e materializações diversas que impedem que vejam as suas determinações sócio-históricas e contextuais. Como consequência, as mulheres são culpabilizadas pelas violências e sofridas e estas são vistas como elemento que cumpre uma função específica de controle na rede de relações sociais, na qual a subalternidade feminina é vista como necessária e como decorrência natural e imediata de suas determinações biológicas."

VIOLÊNCIA

Qualidade ou caráter de violento, do que age com força, ímpeto. Ação violenta, agressiva, que faz uso da força bruta: cometer violências. [Jurídico] Constrangimento físico ou moral exercido sobre alguém, que obriga essa pessoa a fazer o que lhe é imposto: violência física, violência psicológica.Ato de crueldade, de perversidade, de tirania: regime de violência. Ato de oprimir, de sujeitar alguém a fazer alguma coisa pelo uso da força; opressão, tirania: violência contra a mulher. Ato ou efeito de violentar, de violar, de praticar estupro. Considerada Pela Organização Mundial da Saúde - OMS, como um problema de saúde grave que assola todo o mundo.

VIOLÊNCIA DOMÉSTICA

Ocorre em um contexto doméstico, podendo ser casamento ou outro tipo de união, quando a pessoa é agredida ou sofre violência dentro de casa. Geralmente o abusador acredita que o seu abuso é aceitável, justificado ou improvável de ser questionado. (Geralmente é uma ação apoiada por alguns parentes, pois acredita-se que culturalmente algumas pessoas devam ser submetidas aos mandos machistas de uma família, causando assim, uma relação doentia). A maioria das vítimas em todo o mundo são as mulheres, sendo também as mulheres as vítimas das formas mais agressivas de violência. Em alguns países, a violência doméstica é muitas vezes vista como justificável, especialmente em casos de ocorrência ou suspeita de infidelidade.

Essa violência é um reflexo da dominação masculina na sociedade, sendo que é no ambiente doméstico que muitas mulheres sofrem maus-tratos e a violência em si, cujas marcas não cicatrizam e permanecem ocultas sob profundo silêncio.

DIÁLOGOS POÉTICOS: MULHERES INCRÍVEIS [4]

Carolina Maria de Jesus

A primeira escritora negra de sucesso, com obras traduzidas em mais de 14 idiomas. Moradora na favela do Canindé SP, foi catadora de papéis de onde tirava seu sustento e de seus três filhos.

"A **vida** é igual um livro. Só depois de ter lido é que sabemos o que encerra. E nós quando estamos no fim da vida é que sabemos como a nossa vida decorreu. A minha, até aqui, tem sido **preta**. Preta é a minha **pele**. Preto é o lugar onde eu **moro**."

"A noite enquanto elas pede socorro eu tranquilamente no meu barracão ouço valsas vienenses. Enquanto os esposos quebra as tabuas do barracão eu e meus filhos dormimos sossegados. Não invejo as mulheres casadas da favela que levam vida de escravas indianas. Não casei e não estou descontente."

Livro: Quarto de Despejo (1960)

batismo da poeta **Cora Coralina**, começou a publicar os seus trabalhos quando tinha 76 anos! Em 1956, volta para sua cidade, tornando-se doceira, profissão que a sustentou até o fim da vida.

Durante uma das reuniões conhece o advogado Cantídio Tolentido de Figueiredo Bretas, com quem, em 1911, **foge** para o interior paulista (os dois só se **casariam** oficialmente em 1926).

Se você quiser, moço,
vem comigo:
Vamos caçar esse ouro,
vamos fazer água... loucos
no Poço da Carioca,
sair debaixo das pontes,
dar o que falar
às bocas de Goiás.

(Não conte pra ninguém, 1976).

Cora, uma **mulher** à frente do seu tempo, **lutou** pelo seu amor proibido, fugindo e independente da idade poetizou a vida. Cora, **coragem**, mulher!

Este livro foi escrito
por uma mulher
que no tarde da Vida
recria a poetiza sua própria
Vida.
Este livro
foi escrito por uma mulher
que fez a escalada da
Montanha da Vida
removendo pedras
e plantando flores.
Este livro:
Versos... Não.
Poesia... Não.
Um modo diferente de contar
velhas estórias.

(Ressalva, 1965)

Patrícia Rehder Galvão - **Pagu**, São João
da Boa Vista SP. Romancista, tradutora,
jornalista e professora.

Casa-se com Oswald Andrade e realiza o
sonho de **emancipar-se** definitivamente
da família. A militância política inicia-se em
1931, quando ingressa no Partido Comunista
Brasileiro (PCB) e afasta-se de casa para seguir
as atividades do **partido**.
Pagu viaja por diversos países como corres-
pondente dos jornais Correio da Manhã, Diário
de Notícias e Diário da Noite. No Brasil, por
causa de suas atividades políticas fica **presa**
de 1935 a 1940, é vítima de torturas e tem pro-
blemas com a saúde.

Outros se mataram. Outros foram mortos.
Também passei por essa prova. Também
tentaram me esganar em muito
boas condições. Agora, saio de um túnel.
Tenho várias cicatrizes,
Mas estou viva.

(Patrícia Galvão-Pagu, no panfleto político
Verdade e Liberdade (1950)

Em baixa voz violento os
tímpanos do mundo.
Antevejo.
Antecipo.
Antes-vivo

Antes - agora - o que há
de vir.
Eu fêmea-matriz.
Eu força-motriz.
Eu-mulher abrigo da
semente moto-contínuo do
mundo.

(Eu-Mulher, 2011)

Conceição Evaristo, mineira, experienciou ser mulher, negra e poeta oriunda de uma camada social menos favorecida. Escreveu sobre a valorização, afirmação do corpo, potencialidade feminina.

A voz de minha bisavó
ecoou criança
nos porões do navio.
Ecoou lamentos
de uma infância perdida.
A voz de minha avó
ecoou obediência
aos brancos donos de tudo.

(Conceição Evaristo. Cadernos

Negros 13. 1990)

Quando nasci um anjo esbelto,
desses que tocam trombeta, anunciou:
vai carregar bandeira.
Cargo muito pesado pra mulher,
esta espécie ainda envergonhada.
Aceito os subterfúgios que me cabem,
sem precisar mentir.
[...] Mulher é desdobrável. Eu sou.

(Com licença poética, 1976)

Clarice Lispector (1920-1977)

era brasileira de origem judia, veio da Ucrânia. Principais obras: A Hora da Estrela (1977) e A Paixão segundo G.H. (1964). Ela partia da perspectiva feminina para falar com o mundo, da vida doméstica e seu aprisionamento.

Os temas básicos da autora, como a solidão, a busca da verdade, o amor, a angústia, estão presentes em suas obras.

Indizível: "A minha vida, a mais verdadeira, é irreconhecível, extremamente interior e não tem uma só palavra que a signifique."

Ser Mulher: "O destino de uma mulher é ser mulher"

Liberdade: "Liberdade é pouco. O que eu desejo ainda não tem nome"

Felicidade: "Criava as mais falsas dificuldades para aquela coisa clandestina que era a felicidade. A felicidade sempre iria ser clandestina para mim. Parece que eu já pressentia."

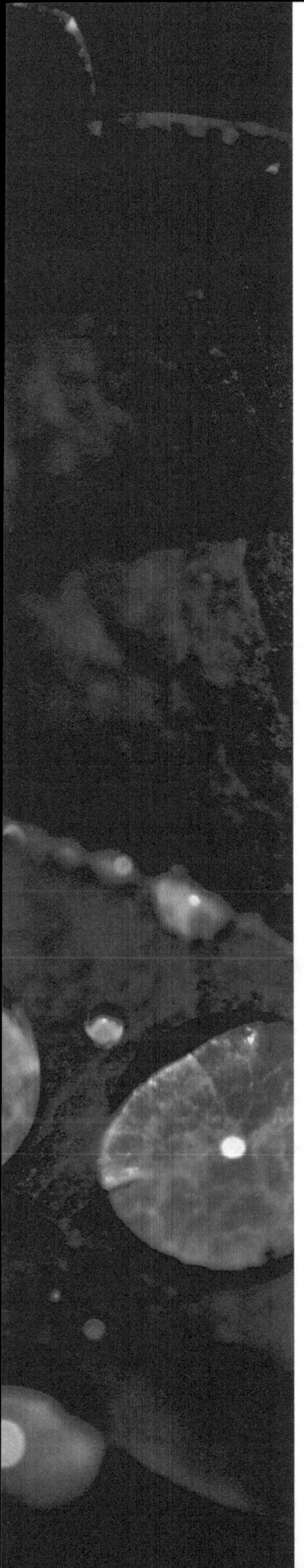

ONDE POSSO PEDIR AJUDA?

[5]

Ligue 180 - (No Brasil Todo) Central de Atendimento à Mulher

Serviço atualmente oferecido pela Ouvidoria Nacional dos Direitos Humanos do Ministério dos Direitos Humanos (MDH). É uma política pública essencial para o enfrentamento à violência contra a mulher em âmbito nacional e internacional.

Ligue 100 - Ministério da Mulher, da Família e dos Direitos Humanos

Funciona diariamente, 24 horas por dia, incluindo sábados, domingos e feriados. As ligações podem ser feitas de todo o Brasil por meio de discagem gratuita, de qualquer terminal telefônico fixo ou móvel celular, bastando discar 100. Pode ser considerado como "pronto socorro" dos direitos humanos pode atender casos que envolvam: crianças, lgbt, mulheres, população de rua, etc.

Ligue 127 - Ministério Público de Minas Gerais

As manifestações da mulher são analisadas e encaminhadas aos órgãos competentes. A Ouvidoria acompanha as providências adotadas, que o manifestante também pode acompanhar utilizando o número de sua manifestação. Quanto aos dados pessoais do manifestante, a Ouvidoria garante sigilo, caso este seja solicitado. Se o sigilo for solicitado, os dados pessoais somente serão divulgados se houver ordem judicial.
(www.mpmg.mp.br) - Telefone(s): 127 (gratuito para MG) e (31)3330-9504 [de segunda a sexta, das 8:00 às 18:00]

Disque 190 - Polícia Militar

Ligar no momento da violência, procurar assistência especializada.

Promotoria de Justiça Criminal

Auxilia a mulher nos pedidos de medida protetiva, recebe denúncias de abusos ou violência contra a mulher, oferece orientação sobre providências criminais, entre outras ações que envolvam crime contra a mulher.

Rua Prefeito Chagas, 305 - sala 102. Edifício
Manhattan.
Telefones: 3722.6580/3697.5556 (Poços de
Caldas MG)

Delegacia Especializada de Atendimento à Mulher (DEAM) - Polícia Civil

Delegacia especializada ao atendimento de mulheres em situação de violência doméstica - a mulher pode acessar o local para formalização de denúncia de agressões, registro de boletins de ocorrência, orientações/requisição de Medidas Protetivas de Urgência, conforme previsto pela Lei Maria da Penha, entre outros processos pertinentes à atuação policial em casos de violência.

Avenida Doutor Remígio Prézia, 502 - Jardim dos Estados - Poços de Caldas MG - 3721-1222

Patrulha de Prevenção à Violência Doméstica - PPVD.

Patrulha específica da Polícia Militar para casos de violência contra a mulher, é composta por duas policiais militares mulheres que realizam visita e posterior acompanhamento para mulheres que registraram Boletim de Ocorrência de situação de violência doméstica, com o intuito de proteção e orientação. Também acessa os homens autores de violência com a finalidade de orientações. As mulheres podem acessar a PPVD para conhecer o trabalho, a partir dos seguintes contatos: Rua Doutor Norberto Carlos Ferreira, nº 700 - bairro: Santa Augusta. Poços de Caldas MG - pvd29@gmail.com - (35) 99869-5805 - 190

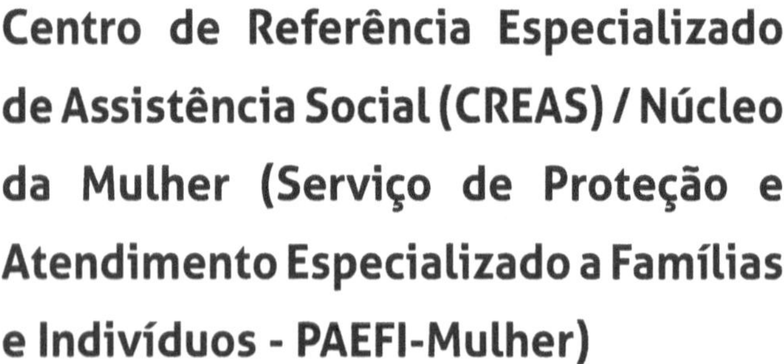

Centro de Referência Especializado de Assistência Social (CREAS) / Núcleo da Mulher (Serviço de Proteção e Atendimento Especializado a Famílias e Indivíduos - PAEFI-Mulher)

Núcleo voltado para o atendimento a mulheres em situação de violência doméstica, considerando os cinco tipos de violência previstos na Lei Maria da Penha: física, psicológica, moral, patrimonial e sexual. O objetivo é o de atuar como facilitador do rompimento do ciclo de violência doméstica, no empoderamento psicossocial das usuárias do serviço e na compreensão da mulher enquanto cidadã de direitos, através de atendimentos individualizados, grupos de mulheres e encaminhamentos para outros serviços que atendem a demanda da mulher, composta por psicóloga, assistente social e advogada para orientações jurídicas.

Rua Laguna, nº 820 - Jardim dos Estados - Poços de Caldas MG - paefimulherpocosdecaldas@gmail.com - 3697-2626 / 3713-6216

Rede da Mulher e Gêneros

Reuniões mensais que ocorrem, geralmente, nas últimas quartas-feiras do mês, às 14 horas, no CREAS, com o intuito de discussão dos fluxos de atendimento à mulher e à população LGBTQI+ no município de Poços de Caldas, visando o aprimoramento das políticas públicas voltadas para estes públicos, a proposta de ações de enfrentamento à violência e a capacitação continuada dos profissionais. As reuniões são abertas para todos os profissionais que atuam nos serviços públicos, privados, ONGs etc, atuantes direta ou indiretamente no atendimento de mulheres.

Rua Laguna, nº 820 - Jardim dos Estados - Poços de Caldas MG paefimulherpocosdecaldas@gmail.com - 3697-2626 / 3713-6216

Observação: Em casos de violência em que a mulher necessite de um atendimento em saúde, pode acessar a UPA ou qualquer hospital do município. Em casos de violência sexual, o hospital de referência para o atendimento é a Santa Casa.

Incubadora Social em Poços de Caldas

Oferece oficinas de qualificação e formação profissional, sendo: oficinas de capacitação e assessoria, que atende desde artesãos a prestadores de serviços em geral. Oferecem as seguintes oficinas: boneca em tecido, pintura em tecido, crochê, bordado, artesanato em costura, marcenaria artesanal, pintura em superfícies e mosaico, cartonagem e tecelagem. A sede da Incubadora social encontra-se no Terminal Rodoviário, e conta com um local para exposição e comercialização dos produtos.

Locais das Oficinas:

INCUBADORA SOCIAL- Terminal rodoviário- (35)3715-3971

CRAS CENTRO- Rua Capitão Fausto de Paiva, 02- Jardim B. Vista- (35)3697-2240

CRAS LESTE 1- Avenida Coronel Virgílio Silva, 2444- Dom Bosco- (35)3713-6098

CRAS LESTE 2- Rua Miguel Calixto de Moraes, 1153- Jardim Itamaraty V- (35)3697-2242

CRAS OESTE- Rua São José, 221- Country Club- (35)3697-4230
CRAS SUL- Rua João Roberto Bonifácio, 55- São Sebastião 2- (35)3697-2855
CRAS SUL APOIO- Rua Luis Celso Rocha, 145- Parque Esperança III- (35)3715-7912
CRAS SUL APOIO 2- Rua Ágata, 171- Jardim Kennedy- (35)3697-2632
EQUIPE VOLANTE - Terminal Rodoviário- (35)3697-2241

Centro de Referência de Assistência Social (Cras)

É a porta de entrada da Assistência Social, no que compete as ações voltadas para o fortalecimento da mulher, realiza mensalmente oficinas como forma de prevenção à situações de violência doméstica, com vistas também ao fortalecimento de sua função protetiva para com seus filhos, além de buscar favorecer o empoderamento e o desenvolvimento de sua autonomia pessoal e financeira.

As mulheres que tiverem interesse em realizar o Cadastro Único do Governo Federal e participar das atividades e oficinas disponibilizadas pelo CRAS devem procurar o serviço nos seguintes endereços:

CRAS LESTE 1- Endereço: Avenida Coronel Virgílio Silva, 2444 - Dom Bosco. telefone: (35) 3713-6098

CRAS LESTE II -Endereço: Rua Miguel Calixto de Moraes, 1153- Jardim Itamaraty V- telefone (35)3697-2242

CRAS CENTRO - Endereço: Rua Capitão Fausto de Paiva, 02- Jardim Bela Vista- telefone (35) 3697-2240

CRAS OESTE- Endereço: Rua São José, 221- Country Club- telefone (35)3697-4230

CRAS SUL- Endereço: Rua João Roberto Bonifácio, 55 - São Sebastião 2 telefone (35)3697-2855

CRAS SUL APOIO 1- Endereço: Rua Luís Celso Rocha, 145 - Parque Esperança III- telefone (35)3715-7912

CRAS SUL APOIO 2- Endereço: Rua Ágata, 171 - Jardim Kennedy- (35)3697-2632

Projeto Poços Promove Mulher

Tem como objetivo desenvolver curso de capacitação que possa propiciar o desenvolvimento pessoal e profissional de mulheres em situação de vulnerabilidade social, visando sua inserção no mercado de trabalho.

Atividades que favorecem a ampliação do universo informacional destas mulheres e o seu desenvolvimento pessoal e profissional, por meio do treinamento de competências comportamentais como: proatividade, empatia, automotivação, responsabilidade, habilidades para trabalho em equipe, dentre outras necessárias para inserção no mercado de trabalho.

Para maiores informações sobre locais e horário dos encontros ligar: (35) 3697-2269

Coletivo Feminista Marielle Franco (IFPoços de Caldas)

Coletivo Feminista do Instituto Federal do Sul de Minas Gerais - Campus Poços de Caldas. Oferecem palestras e rodas de conversa com mulheres da cidade de Poços de Caldas para conscientizar e encorajar mulheres a enfrentarem o problema da violência contra a mulher.

Contatos: m.me/
coletivofeministamariellefranco
https://web.facebook.com/
coletivofeministamariellefranco/

ONG CAROL SANCHES

Carol Sanches foi uma vítima de feminicídio da cidade de Poços de Caldas, e desta forma homenageada para dar início a essa ong que tem como objetivo mostrar que a luta de uma é a luta de todas, como já diz em seu próprio slogan. Desta forma o Núcleo de Apoio à Mulher Carol Sanches é uma ONG destinada a dar apoio às mulheres que vivem em situações de violência doméstica (psicológica e física).

Contato: https://web.facebook.com/ongcarolsanches/?_rdc=1&_rdr

FEMHELP

Página destinada a mulheres que buscam ter liberdade de expressão, relatar sobre seus abusos. Tem o intuito de facilitar a comunicação entre os seguidores para que assim mais pessoas possam ver os relatos e se conscientizar sobre todos os tipos de violência relacionados a mulheres. Contato: http://femhelp3.webnode.com femhelp2017@gmail.com

REFERÊNCIAS

[2] Atlas da violência 2019. / Organizadores: Instituto de Pesquisa Econômica Aplicada; Fórum Brasileiro de Segurança Pública. Brasília: Rio de Janeiro: São Paulo. 2019.

[1] A mulher no mundo machista: Revistas femininas nos anos 50 e 60. 2020. Disponível em: https://www.revistaprosaversoearte.com/mulher-no-mundo-machista-as-revistas-femininas-nos-anos-50-e-60/ Acessoem 13 de fev.2020.

[1] ANDRIOLI, Liria ngela. O corpo e a mulher na história da filosofia: uma leitura a partir de Merleau-Ponty centrada na atual discussão sobre a corporeidade. Universidade Regional do Noroeste do Estado do RS – UNIJUÍ. S/D.

[2] BRASIL. Lei 13.104, de 9 de março de 2015. Altera o art. 121 do Decreto-Lei 2.848, de 7 de dezembro de 1940 – art. 1º da Lei 8.072, de 25 de julho de 1990, para incluir o feminicídio no rol dos crimes hediondos. Disponível em: http://www.planalto.gov.br/ccivil_03/_Ato2015- 18/2015/lei/L13104.htm> acesso em 26/02/2020.

[2] BRASIL. Lei Maria da Penha. In: https://jus.com.br/artigos/69933/lei-maria-da-penha-conceitos-diretrizes-e-eficacia.. / https://www2.camara.leg.br/legin/fed/lei/2006/lei-11340-7-agosto-2006-545133-norma-pl.html. Acesso em:16 de fev. 2020.

[3] Dicionário Feminino da Infâmia: acolhimento e diagnóstico de mulheres em situação de violência. Org. Elizabeth F. Teixeira e Stela N. Meneghel. Rio de Janeiro. Ed. Fiocruz. 2015.

[3] Dicionário Houaiss da língua portuguesa. Rio de Janeiro: Objetiva, 2001.

[3] Dicionário Online de Português. In: http://dicio.com.br. Acesso em 27 de fevereiro de 2020.

[4] CAROLINA Maria de Jesus. In: ENCICLOPÉDIA Itaú Cultural de Arte e Cultura Brasileiras. São Paulo: Itaú Cultural, 2020. Disponível em: http://enciclopedia.itaucultural.org.br/pessoa253139/carolina-maria-de-jesus>. Acesso em: 24 de Fev. 2020. Verbete da Enciclopédia. ISBN: 978-85-7979-060-7

[4] CORA Coralina. In: ENCICLOPÉDIA Itaú Cultural de Arte e Cultura Brasileiras. São Paulo: Itaú Cultural, 2020. Disponível em: <http://enciclopedia.itaucultural.org.br/

pessoa2609/cora-coralina>. Acesso em: 18 de Fev. 2020. Verbete da Enciclopédia. ISBN: 978-85-7979-060-7

[5] Ministério da Mulher, da Família e dos Direitos Humanos. In: https://www.mdh.gov.br/navegue-por-temas/politicas-para-mulheres/ligue-180 - 100. Acesso em 02 de março de 2020.

[5] Ministério Público do Estado de Minas Gerais. In: https://www.mpmg.mp.br/areas-de-atuacao/defesa-do-cidadao/violencia-domestica-contra-a-mulher/politicas-pu-blicas-de-protecao-a-mulher/. Ligue 127. Acesso 02 de março de 2020

[4] PAGU . In: ENCICLOPÉDIA Itaú Cultural de Arte e Cultura Brasileiras. São Paulo: Itaú Cultural, 2020. Disponível em: <http://enciclopedia.itaucultural.org.br/pessoa451572/pagu>. Acesso em: 24 de Fev. 2020. Verbete da Enciclopédia. ISBN: 978-85-7979-060-7

[4] PAGU. In: Enciclopédia Wikipedia. Disponível em: https://pt.wikipedia.org/wiki/Pagu. Acesso em 21 de fevereiro de 2020.

[2] PINTO, C. R.J. Feminismo, História e Poder. Revista de Sociologia e Política. Vol.18. n0.36. Curitiba, Junho de 2010. Scielo. 2010.

[1] Propagandas Antigas Machistas. Disponível em: https://www.propagandashistoricas.com.br/2014/01/dez-propagandas-historicas-machistas.html. Reis Jr. Dalmir. Acesso: 18 fev.2020.

[4] REBECHI Jr..A. Pagu: poesia, militância e condição feminina. Revista comunicação & educação. Ano XXIII . número 1. jan/jun 2018.

[1] SIMONE de Beauvoir. In: ENCICLOPÉDIA Wikpédia. Disponível em: www.wikipedia.org . Acesso em 18 de fev. 2020.

[3] Violência Doméstica. In: hhttps://pt.wikipedia.org/wiki/Viol%C3%AAncia_dom%-C3%A9stica. Acesso em 02 de março de 2020.

www.ingramcontent.com/pod-product-compliance
Lightning Source LLC
Chambersburg PA
CBHW051450140726
47987CB00006B/2633